ALTDEUTSCHE TEXTBIBLIOTHEK

Begründet von Hermann Paul
Fortgeführt von Georg Baesecke
Herausgegeben von Hugo Kuhn

Nr. 65

I0660987

Eine
Schweizer Kleinepiksammlung
des 15. Jahrhunderts

Herausgegeben von

Hanns Fischer

MAX NIEMEYER VERLAG TÜBINGEN 1965

Mit 3 Abbildungen

INHALT

EINLEITUNG

Das in diesem Bändchen herausgegebene wenig bekannte
Corpus spätmittelalterlicher Kleinepik verdankt seine Ent-
stehung der literarischen Laune eines Dilettanten. Diesen
war, während er Ulrich Boners ,Edelstein' abschrieb, die
Lust angekommen, selbst auch *„bischaft* zu machen", und
da er gerade so schön im Zuge war, fügte er das Produkt
dieser Anwandlung – 21 episch-didaktische Kurzerzählun-
gen in Boners Manier – gleich seiner Abschrift an. Nicht
ohne selbstkritische Zweifel und Bedenken. Zwei Stellen
legen davon Zeugnis ab, die „Zwischenrede" vor den Mira-
kelgeschichten des Schlußviertels und die Praefatio, die mit
ihrer Anfangszeile *Sid dis buoch ein ende hat* unmittelbar
an den Schlußvermerk des Boner-Teils *Also hat dis bůch
ein ende / got vns sin göttlichen segen send / Amen* an-
knüpft.

Wer dieser Mann war, ist nicht überliefert, und was sich
indirekt über ihn ermitteln läßt, bleibt dürftig.[1] Seine Mund-
art zeigt, daß er in der nördlichen Schweiz zuhause war.
Vielleicht darf man an den Aargau denken, weil in XX ein
beim Städtchen Brugg geschehenes Hostienwunder berich-
tet wird. Dieses Geschehnis könnte auch einen genaueren
Anhaltspunkt für die Lebenszeit des Autors liefern, doch ist
eine historische Identifizierung bisher nicht gelungen.[2] So

---

[1] Vgl. Hans-Friedrich Rosenfeld, Mittelhochdeutsche Novellen-
studien. Leipzig 1927 (Palaestra 153) S. 108–122 *[speziell zu
Nr. VII]* und Samuel Singer, Die mittelalterliche Literatur der
deutschen Schweiz. Frauenfeld/Leipzig 1930. S. 91 f.

[2] In der Zusammenstellung P. Browes (Die eucharistischen Wun-

müssen wir uns vorläufig mit der groben Datierung „erste Hälfte des 15. Jahrhunderts" begnügen.

Die Handschrift, die unser Denkmal – nicht im Original, sondern bereits wieder als Abschrift – enthält, ist der Codex 643 der Stiftsbibliothek St. Gallen, der aus dem Nachlaß des Schweizer Staatsmanns und Gelehrten Aegidius Tschudi (1505–1572) dorthin gelangte. Es handelt sich um einen Papiercodex von 260 Seiten in Folio,[3] von denen allerdings nur die Seiten 1–239 dem ursprünglichen Bestande angehören; der Rest wurde erst durch Tschudi beigebunden. Was dieser ursprüngliche Bestand an Texten enthält, ist bis auf winzige Splitter auf den Seiten 157, 158 und 183 durchwegs von einer Hand, wenn auch nur bis S. 157 in einem Zuge, dann mit größeren Intervallen geschrieben. Schreiber war, nach E. Dürrs (s. Anm. 3) glaubwürdiger Vermutung, der Landschreiber von Glarus, Rudolf Mad. Als Entstehungszeitraum ergibt sich aus den historischen Mitteilungen das dritte Viertel des 15. Jahrhunderts.

der des Mittelalters. Breslau 1938) fehlt jeder Hinweis. Die von J. von Laßberg geäußerte Ansicht (Anz. f. Kunde d. dt. Vorzeit 5, 1836, Sp. 192–195; dort Sp. 195), daß es sich um das für den 24. Mai 1447 und den Ort Ettiswil bezeugte Hostienwunder handelt, ist irrig, wie sich allein aus der Diskrepanz der Lokalisierung ergibt.

Auch im Archiv von Brugg finden sich nach freundlichem Hinweis von Dr. Max Banholzer keine Belege. Die Nachricht in S. Heubergers ‚Geschichte der Stadt Brugg bis zum Jahre 1415'. Brugg 1900. S. 55f. beruht auf J. Baechtolds Textabdruck (s. u.) und auf E. L. Rochholz, Wanderlegenden aus der oberdeutschen Pestzeit von 1348 bis 1350. Aarau 1886 (= Argovia XVII).

[3] Alle Angaben nach: Gustav Scherrer, Verzeichnis der Handschriften der Stiftsbibliothek St. Gallen. Halle 1875. S. 210 f.; Johannes Dierauer (Hrsg.), Chronik der Stadt Zürich. Mit Fortsetzungen. Basel 1900. S. XXXII f.; Emil Dürr, Die Chronik des Rudolf Mad, Landschreibers von Glarus (Dritte Fortsetzung der Chronik der Stadt Zürich), Basler Zs. f. Gesch. u. Altertumskde 9 (1910) S. 95–110; dort S. 95 f. Für Hinweise danke ich Herrn Stiftsbibliothekar Dr. Duft.

Inhalt:

Daß die poetischen Fähigkeiten unseres Anonymus nicht allzu hoch zu veranschlagen sind, zeigt schon ein Blick auf den mangelhaften Versbau und die geringe sprachliche Variationsbreite der Erzählungen. Sein allgemeines Bildungsniveau kann indessen nicht ganz schlecht gewesen sein. Immerhin war er imstande, Stoff aus schriftlicher (*„als ich las“* VII, 2; XVII, 2; XXII, 2; *„als man an den buochen geschriben fint“* VIII, 4; *„als ich an einem buoche las“* IX, 6; *„als man list“* XIX, 2) oder mündlicher Quelle (*„als ich ein bredgi han gehort“* XVIII, 4; *„han ich gehört sagen“* XX, 2) aufzunehmen. Immerhin zeigte er sich in der Lage, das lateinische Zitat VI, 35 sprachlich und metrisch korrekt wiederzugeben (das falsche *agas* möchte ich auf das Konto des Abschreibers setzen). Und schließlich besaß er auch die gewiß nicht alltägliche Fähigkeit, die Melodie eines Liedes zu notieren.

Dieses Lied XII, 78 a–e ist recht eigentlich das Glanzstück der Sammlung. Schon der Einfall allein, einer Erzählung durch Einschub einer funktional verankerten Gesangspartie einen besonderen Effekt zu verleihen – in der mittelalter-

lichen deutschen Kleinepik ist dies ein Unikum –, verdient
Beachtung. Noch mehr die Eigenart des Lieds. Es handelt
sich ja um eine textlich auf die besondere Situation ihrer
„Aufführung" eingerichtete Parodie eines kirchlichen Pro-
zessionslieds. Der Zielpunkt dieser Parodie ist aber nicht
einfach ein literarischer und liturgischer Typus, sondern ein
ganz bestimmtes, wahrscheinlich sehr bekanntes Lied, das
in seiner ursprünglichen Gestalt anscheinend verloren ist,
sich aber – wie Walter Salmen gezeigt hat [4] – in seiner Spät-
wirkung im 16. und 17. Jahrhundert deutlich fassen läßt.
Wenn diese Parodie von unserem Autor selbst geschaffen
wurde, ihm also nicht bereits aus einer Quelle zufloß, so
zeigt sie ihn uns als einen Mann von Witz und geistiger
Beweglichkeit.

Die nachfolgend gedruckten Texte sind nach einem ersten
Hinweis durch Joseph von Laßberg (mit Mitteilung von
Nr. I und XII, s. Anm. 1) vor 77 Jahren bereits einmal voll-
ständig veröffentlicht worden,[5] doch begnügte sich der Her-
ausgeber Jacob Baechtold mit einem rohen (in manchen
Punkten recht ungenauen) Handschriftenabdruck. Was die-
sen Abdruck vor allem beeinträchtigt, ist eine Reihe von
z. T. schwerwiegenden Lesefehlern wie *mir* statt *üt* (XIII, 49),
den statt *ein* (XIII, 13), *sachen* statt *sach nu* (X, 110), *niend[s]*
statt *niem[s]* (III, 59), *rat* statt *iar* (XXIII, 6) u. a.

Der Baechtoldschen Editio princeps gegenüber weist die
neue Ausgabe folgende Einrichtung auf:

1. Der Text wurde interpungiert und in Abschnitte geglie-
   dert (die Absetzung des Epimythions von der Erzählung
   ist in den meisten Fällen bereits in der Handschrift durch
   das Alinea-Zeichen am Rande angezeigt, dessen Vorkom-
   men ich stets im Apparat vermerke).

[4] Zur Geschichte eines mittelalterlichen geistlichen Fahrtenliedes,
   Jb. f. Liturgik u. Hymnologie 10 (1965) [im Druck].
[5] Einundzwanzig Fabeln, Schwänke und Erzählungen des XV. Jahr-
   hunderts, Germania 33 (1888) S. 257–283.

2. Groß- und Kleinschreibung, Worttrennung und Wortverbindung wurden einheitlich geregelt.

3. Abkürzungen wurden aufgelöst ($\bar{\ }$ = *n, en, m*; $\bar{n}$ = *en*; $v\bar{n}$ = *und*, $v\bar{m}$ = *umb*; ^{s} = *r, er*; *dz* = *das*; *wz* = *was*; *spͣch* = *sprach*; dazu die Abbreviatur für *quid* und für *et*).

4. *i* und *j, u* und *v* wurden in der üblichen Weise geschieden.

5. *y* wurde stets durch *i* ersetzt, *z* durch *s* in Fällen wie *leidz* (II, 44 u. ö.), *halbz* (III, 55), *ichz* (V, 29), *wirtzhus* (VII, 21), *gůtz* (XIII, 49 u. ö.), *woltz* (VIII, 118), *ziechentz* (XIII, 78 c), *landz* (XXIII, 3), *sacramentz* (XXIII, 29).

6. Graphische Doppelkonsonanz (dazu *tz* und *ck*, nicht aber *ss*) wurde nach Konsonant, Diphthong und Langvokal vereinfacht, ebenso in *ett*- (*ettwas* u. ä), *-inn* (*darinn* u. ä.), *-llin* (*kindellin*), *-schafft, schrifft, hellffen*.

Ein besonderes Problem stellte die Wiedergabe der diakritischen Zeichen über den Vokalen *a, o* und *u*. Über *a* und *o* findet sich nur der doppelte Punkt. Er bezeichnet über *o* bis auf folgende sechs Ausnahmen: *fröwen* (V, 21), *schöwen* (IX, 42. X, 124), *getön* (IX, 93), *tön* (XVI, 23), *zerhöwen* (X, 190), *spött* (XII, 52), wo es sich einfach um einen Schreiberirrtum handeln dürfte, stets den Umlaut. Über *a* ist diese Funktion nur in einem Teil der Fälle zu sichern (und nur dort gebe ich die Punkte wieder). Was der Schreiber in den anderen Fällen damit gemeint haben kann, ist mir unklar geblieben. Über *u* begegnet einmal der Zirkumflex, der konsequent zur Bezeichnung des Umlauts von *u* (kurz und lang; beide Male durch *ü* wiedergegeben) verwendet ist, zum andern ein Zeichen, das je nach der Sorgfältigkeit der Ausführung als Kreis, oben offener Halbkreis, zwei kurze senkrechte Striche oder zwei Punkte erscheint. Damit ist sowohl der Diphthong *uo* als sein (viel seltenerer) Umlaut *üe* bezeichnet. Da der graphische Befund keine Differenzierung des Gemeinten erlaubte, mußte ich auf Grund sprachgeschichtlicher Erwägungen zwischen den beiden Möglichkeiten entscheiden.

Der Apparat verzeichnet bei den wenigen im Text notwendigen Besserungen – die von Baechtold übernommenen sind durch B beim Lemma gekennzeichnet – die überlieferte Lesung der Handschrift. Das kleine Wörterbuch am Schluß ist als eine erste Hilfe zum Einlesen, besonders für den studentischen Benutzer gedacht und glossiert entsprechend nur eine bescheidene Auswahl seltener Wörter und Wortformen.

Die Übertragung der Liedmelodie aus XIII besorgte W. Salmen. Die Notation (s. Abb.) zeigt f-Schlüssel und Distinktionsstriche zur Abtrennung der Wörter und der dazugehörigen Noten. Was die regellosen Aufwärts- und Abwärtskaudierungen bedeuten sollen, bleibt unklar. Die Annahme eines $^4/_4$-Taktes ist durch jüngere Überlieferung der Melodie gesichert, die Rhythmisierung im einzelnen nur aus Andeutungen erschlossen, weshalb die Taktstriche gestrichelt eingezeichnet wurden. Die b-Vorzeichnung ist ergänzt.

Auf gar auch er truwe wol gedingen
gelaub mir als got die welt
si gelopt wol vn got liess gelt
als dir din himelrich hat geben
das sieht man dick in sinem leben

Also hat das buch ein ende
got vns sin göttlichen segen send
Amen

Seid das buch ein ende hät
so merkt auch ein wär tat
in das buch schriben
ab ich nu möcht beliben
an hin der red vmb die sach
daz ich auch beyschafft mach
vnd doch nit noitzen der zu hän
So dunkt mich auch selbs verdingten
Doch mag ich das nit vnderwegen lan
ain naten rede müs ich hie im hän
vnd wol als schriben hie in
die red ich erner ein tare hin
Doch wenn es mit gut alle wol
dem rat ich daz er sol
wider wegen lassen sin lassen
vnd sol mich auch lassen griesen
als halt ich es an
Es sy doch wol als übel getan

o ins mals kem ein fuchs gerant
da er einen gut liebt einen grund
Er lüget vil sagt dar in
Er gedacht was wer ich das im
zwen eimer dar ab hiengen
die off vn nider giengen
in einen eimer er do sprang
der einer mit dem fuchse nider sang
der ander eimer gieng übersich da
das ward der fuchse gar vnfro
wen er müst beliben dar in
das erog gar sin vngewin
Ein wolf kam der zu gelauffen
Er sprach ein vinstan wasser
daz er lullen geselle min
auch em Dinen wie daz min gün
Daz du in dem tieffen loch list
vnd dir doch nie gabrist

Sy sprach es das wer wol getan
ajagent ir dar in an derhngen
... war ... ...
gahant er in den kis korb sprang
Der pur do zu der tur in ...
zahant die frow sprachen began
ach setz dich in der mir lieber man
von dem wis haben ein gutten mut
ich han gebutet zway essen gut
Da lies vns mit einander essen
So han ich mich auch ... ...
ich wäl des dar zu bringen wein
Der pur sprach frow des sol sin
ich ess vnd trink als gern als du
tragrons min gnug hat zu
Bringst ir gut ich hilff dir essen
von do sy ze tisch warent gesessen
Do ass der pur gar faw
aber die frow ... ...
Do sach die frow das
das in dem korb ein loch was
Da durch hieng dem pfaffen das
das im by sinen beinen ge ... ...
das ... ... ainer spange ...
Die frowen do die spang erschwang
Das si er ducht in irem sin
Das es der pfaff zuge gi sin
Hin in in die kis korb ...
won sy ... ...
zahand sprach sy do zu dem man
O lieber man mir sag an
was wänt wir morn thun
So der pfaff ... mit dem ... ...

... wir ... auch mit vns singen
Das wir laid ... ander lütge winnen
sa sprach er als gefalt mir wol
ich sing wo ich singen sol.
ich hilff dir singen vff min aid
die frow do zu dem pur sait
ich han ain gesang das ist fin
Do sprach der pur lieb ... ...
So han an wir lern als mich
Si sprach so los ich han es gern dich
also hub sy an vor sang
das es in dem gantzen hus erklang.

Vnser her der pfarrer in ein kirchen

enkan do hieng es in die hosen

... ... hin dan nu wird es durch

mine wille vn zuhand, hin ...

wond es das ... ...

vn ... ...
Do der pfaff das gesang ... ...
zu hand gerief er aus ... ...
Das sin ding hieng durch das loch
wil bald ... das hin ... gu ... ...
vn bald das im ... das der man
... ... von dem hus gan

I

VORREDE

Sid dis buoch ein ende hat,
so wil ich ouch ein torentat
in dis buoch schriben,
ob ich nu möcht beliben
5 an hinderred um dis sach,
das ich ouch bischaft mach
und doch nit witzen darzuo han.
es dunkt mich ouch selbs torlich getan.
doch mag ich es nit underwegen lan.
10 min narrenwort muos ich hierin han
und wil es schriben hiein,
sölt joch ich iemer ein tore sin.
doch wem es nit gevalle wol,
dem rat ich, das er sol
15 underwegen lassen sin lesen
und sol mich ouch lassen gnesen.
also heb ich es an,
es si joch wol ald übel getan.

Nach 18 13 Zeilen Leerraum

II

FUCHS UND WOLF IM EIMER

⟨E⟩ins mals kam ein fuchs gerant, 89b
da er einen galtbrunnen fand.
er luoget vil fast darin.
er gedacht: „was mag das sin?"
5   zwen eimer darab hiengen,
die uf und nider giengen.
in einen eimer er do sprang.
der eimer mit dem fuchs nider trang.
der ander eimer gieng über sich do.
10 des ward der fuchs gar unfro,
won er muost beliben darin.
das was gar sin ungewin.
    Ein wolf kam darzuo geloufen.
er sprach: „ina woffen woffen!
15 sag an, lieber geselle min,
mich wundert, wie das müg sin,
das du in dem tiefen loch list
und dir doch nüt gebrist."
der fuchs hqfflichen sprach, 90a
20 do er den wolf erst ansach:
„lieber wolf, ich sag dir das,
das mir all min tag nie so wol was."

2

der wolf sprach: „lieber geselle min,

hilf mir ouch zuo dir hinin."

25   er sprach: „uf min eid, das sol sin,

won du bist der best geselle min.

tritt in den eimer, das rat ich dir,

so kunst wol herab zuo mir."

    Der wolf in den eimer sass.

30   davon der fuchs vil fro was,

won der wolf zoch mit dem eimer nider.

damit kam der fuchs herwider.

der wolf muost in dem brunnen sin.

das was gar sin ungewin.

35   do er nebent den fuchs kam,

do ruoft der fuchs in faltschlich an

und sties in darumb,

das er im nit endrunn

und dester faster wägi nider.

40   der fuchs sprach: „nu hin, ich kum nit wider;

und lass dir vil wol wesen.

ich bin nu wol genesen."

    Wer allen zungen geloubet wol,

der wirt vil dik herzleids vol

45   und wirt betrüebt an sinem herzen

---

35   nebent B] nement   43   geloubet B] gelöbet

und muos liden grossen schmerzen.

valsche zunge stiftet das,

das bruoder bruoder wirt gehas.

das selb der vatter ouch tuot.

50 böse wort werdent niemer guot.

den valschen ruochte, wie es gschäche,

das er sin fründ in kumer säche,

durch das er in fröiden möcht wesen.

vor im kan nieman genesen.

55 wer wil sin in der wolnüst,

die im nit erkant ist,

und si nit erkennen wil

und nit sicht, ob es si ein gewüs spil,

und gälich darzuo ziechen wil,

60 genüst er des, das ist nit vil.

wer züchet ab einer guoten statt,

da er sich mit eren wol begat,

und er da vil wol möcht bestan,

der dunkt mich ein unwiser man.

65 im möcht wol als dem wolf beschechen.

doch wil ich dawider nit me jechen.

50 b. wort werdent B] b. wort wort werdent

53 mocht

4

ob einer zücht an ein statt,

da er sich mit eren wol begat

und si im ist vil wol kunt getan

70 und bewert von mängem biderman:

hätt der wolf also getan,

so möcht er noch wol sin leben han.

III

FALKE UND EULE

⟨E⟩in valk floug in einen wald.   91 a

der fieng gar schnell und bald

vil vogel, die er do vand.

er was der ülen wol erkant.

5   Zuo dem valken kam die üle do

mit iro worten und sprach also:

„ach valk, küng und herre min,

möcht es an üwern gnaden sin,

sid ir der voglen so vil vachent,

10 so bitt ich üch, das ir nit gachint

und mir mine kind nit esind.

der trüw wil ich niemer vergessen."

Nach 72 9 Zeilen Leerraum

der valk sprach: „wer sint dine kint?"

si sprach: „die schönschten, die im wald sint,

15 ⟨die essint nit,⟩ die sint min."

er sprach:„wolhin, das sol sin.

die schönschten wil ich lassen gan

und wil die ungeschaffnen alle van

und wil si essen alle gar."

20 Der falk floug hin an alle var

und kam zuo der ülen kind.

er sprach: „ich sich wol, das die sint

die ungeschaffnesten, die man fint.

si sint nit der ülen kind,

25 won si sprach, es werint die schönschten vögelin,

die in dem wald möchten sin."

der valk all jung ülen verschland,

die er in dem wald iena fand.

Die alt ül kam zuo dem valken do

30 gar truriklich und sprach also:

„o her, wie hant ir min vergessen!

mine kind hant ir alle gessen

und hant enkeines hin lan komen."   91 b

15   Ergänzung gestützt durch V. 11 u. 39

25   schonschtē; vögelin B] vög^sel

6

der valk sprach: „als ich han vernomen,

35 so han ich es nit getan.

die schönschten han ich lassen gan

und han die ungeschaffnesten fressen."

si sprach: „das kan ich niemer vergessen.

die ir assent, die warent min. -

40 mich wundert, wie das müge sin.

ich wand, si werint die schönschten kint.

nu merk ich, das si sint

die ungestaltesten vögelin

die in dem wald mügent sin."

45 Sölicher lüten man ouch vil vint,

der ungezogen sint ir kint

und darzuo enkeinen wandel hant

und ouch selten in schönheit stant

und ouch niemer kunnent werden

50 und doch wend, das uf erden

kein schöner kreentur müg sin

denn dieselben kindelin,

und was si tuond, das dunkt si guot.

si hant sicher ein tumen muot.

55 und vieng ein ander kind das halbs an,

das ir kint hant getan,

si schrient offenlich über si:

„secht, wie wonet dem bosheit bi!"

si sprechent: „si tuond niemer guot,

60 e man sol si schlachen mit der ruot.

ich sich an irem wandel wol,

das si werdent aller bosheit vol.

wie ist ir vatter ouch ein man,   92 a

das er die kint nit ziechen kan.

65 er ist ouch zwar ein böswicht,

das er inen das übersicht."

also wend die lüte

die frömden gar vernüten

und dunkt si niemer guot,

70 was diser oder der tuot,

und wänent, das niemen müg sin

gelich iro kindelin.

sächent si si aber recht an,

si sprächent: „mich hat betrogen min wan."

Nach 65: durchstrichen ,Dz er die kind nit ziechen kan.'

71 wänet; mug   Nach 74 17 Zeilen Leerraum

IV

ZWEIERLEI BETTZEUG

⟨E⟩in schuoler über felde gieng.
ellent herbürg er enpfieng,
als noch mängem me beschicht,
der nach der lere vicht.

5   Er kert zuo einem puren zuohin
und bat, das man in
gehielti über nacht durch got.
von dem purn leid er spott:
„ja kum her, lieber schuoler min.

10   ein guot bet sol din eigen sin.
daruf solt du ligen über nacht,
bis das du nit me schlafen macht."
er gieng hin und ass und trank.
dem puren seit er grossen dank.

15   darnach sassent si uf die benk.
der pur geriet da stenken.
ein grossen furz lies er do
und sprach zuo dem schuoler also:
„schuoler, das ist das bette din."

20   der schuoler sweig und lachet sin.
der pur stankt aber als e:
„schuoler, ich gib dir aber me.

der furz ist ein lilach guot.

vor frost bist do wol behuot."

25 der schuoler lachet aber als ee.

der pur stankt aber me

und lies ein furz, der was gros.

(den schuoler do des schimpfs verdroß.)

er sprach: „das ist das oberlilachen;

30 noch wil ich dir teke und küsse machen,"

und lies aber ein furz als e. 93a

er sprach: „schuoler, hieher ge

und leg dich an das bettelin

und las dir vil wol sin!"

35 er leit sich nider uf den bank.

sin bett was gemacht von stank.

der pur gieng mit sim wib nider

und sprach: „da lig, unz das ich herwider

kom, und schlaf gnuog und fast."

40 der pur gieng do an sin rast.

Der schuoler begond sich do flissen,

wie er den puren sölt beschissen.

er scheiss hinder den offen hin

und ruoft do dem wirte sin:

45 „aldei, wirt, got dank üch,

won ich wider uf die vart züch.

das bett und die lilachen,

die ir mir nächt hant gemachet,
han ich hinder den ofen geleit."

50 der pur zuo der frowen seit:
„gäbt du dem schuoler lilachen und küssen?
das solt du mich lassen wüssen."-
„nein ich, werlich sam mir got!
der schuoler tribt mit dir sin spot."

55 er lies den schuoler sinen weg gan.
Schier begond er ouch ufstan
und gieng herab in die stuben sin
und sass hinder das öffelin
und sass eben in den drek.

60 er sprach: „pfuch, was ich hie schmek,   93b
es stinkt harinne harte vast.
pfuch, ich han weder ruow noch rast."
er stuond uf und sach under sich.
„pfuch, ich han beschissen mich,"

65 sprach der pur, „hie lit ein drek.
pfuch, wie übel er nu schmekt.
wib, du solt wüssen,
der schuoler hat mich beschissen.
uss furzen hat ich im ein bett gemacht.

70 darin solt er ligen über nacht.
das hett er alles gelesen zesamen
und het es hinder den offen getan.

11

darus ist worden ein grosser drek,
der hie als übel schmekt.
75 er het mir itel recht getan,
des muos er ein guot jar han."
Widergelt wart nie verbotten.
wer spottet, des sol man spotten.
wer den andern tören wil,
80 der wirt vil dik der torn spil
und wirt geschant in kurzer frist,
als disem purn geschechen ist.
wer der lüten spotten wil,
so es denn kumpt uf das zil,
85 so wirt er lasters und spottes vol.
wirt er betrogen, das ist wol.
hett der pur nit gespottet sin,
an laster wer er wol komen hin
und wer nie in die schmacht komen.
90 ich han es noch me vernomen,
das man den bösen geschenden sol,   94a
der da spottes ist vol.

77 ₫   91 bosen
Nach 92 17 Zeilen Leerraum

V

EIN BÖSES WEIB SCHEIDET EINE EHE

⟨E⟩in man der hat ein wib,

die hat er als lieb als sin lib.

das selb si im ouch tett.

ieklichs das ander lieb hett.

5　das was Luzefier gar leid.

er huob an und seit

zuo dem andern gesellen sin,

ob enkeiner wer under in,

der die liebe könd gescheiden

10　und die liebe möcht bringen in leid.

do was einer under in,

der sprach: „ich wil der selbe sin

und wil si veriren gar,

Lucifier, das sag ich dir für war."　　　　94 b

15　Lucifier sprach: „nu far hin

und mach gros leid under in."

　Er fuor hin in des mans hus.

er lüff dik in und us,

ob er die liebi möcht scheiden.

20　er schuof nüt, das was im leide.

　　12　der] vn̄　　19　mocht

13

do kam er zuo einer frowen alt
die kont boβheit mänigfalt.
er gruozt si und sprach zuo ir:
„zwen schuoch wil ich geben dir,
25 ob du die liebi kanst scheiden
under den menschen beiden."
si sprach: „ja, das kan ich wol.
ich weis wol, wie ich es tuon sol.
gist mir die schuo, so tuon ichs gern.
30 die liebi kan ich in leid verkern."
er sprach: „so gang hin
und mach gros leid under in,
so wil ich dir die schuoch geben,
ob du es schaffest eben."
35   Si gieng hin zuo dem man:
„weist du nit, was da het getan
din wib. ein andrer lit bi ir.
für war sag ich es dir.
so du gast uss dem hus,
40 so louft si an stett hinus
und heist ir buol zu ir komen.
für war han ich es vernomen."
der man wand, es wer war.

23 grůtz   37 andrer B] andra

Do fuor das alt wib aber dar

45 und gieng zuo siner frowen.

die liebi wolt si zerhowen.

si sprach: „sag an mir,

ist din man ietz nit fient dir?"-

„ja werlich, er tuot gelich,

50 als ob er fast hasse mich."

das alt wib begond do jechen:

„ein guot rat wil ich dir geben.

ein schökli har ist im in sim nak.

den solt du bald howen ab,

55 so vergat im sin zorn.

tuost es nit, so bist verlorn."

si volget der valschen frowen lere.

des kam si in laster und in unere.

Das alt wib gieng aber hin do

60 zuo dem man und sprach also:

„din wib wil dich haben tod.

volgest mir nit, du kunst in not.

so du heim kunst ze nacht,

so merk, wie dich din wib enpfacht.

65 si spricht: ‚kum har zuo mir,

so wil ich lusen dir.'

56   verlor[s]n

15

so nimpt si in ir hant ein schär

und wil dir abrissen die keln gär."

Do er ze nacht heim kam,

70 die frow die schär in die hant nam.

si sprach: „kum ich wil dir lusen!"

den man begond grusen.   95 b

er leit sich do in ir schoss,

die liebi wurdent si bede blos.

75 das schökli wolt si im abhowen do.

er sprang uf und sprach also:

„pfuch, pfuch, du bös wib,

woltest du verderben minen lip?

frilich das muos dir werden leit!

80 es was mir wol vorgeseit."

Die liebi wart zerstöret gar.

des nam der tüfel vil eben war.

er geriet vil bald loufen,

dem alten wib die schuo koufen.

85 an einer stangen bot er ir do

die schuoch und sprach zuo ir also:

„se hin, ich wil fliechen dich,

won du bist vil böser den ich.

du hast volbracht ein boßheit,

85 ɋ

16

90 daran han ich grossen flis geleit

und kond es doch nie geschaffen.

die liebe hast du ze leid gemachet.

sit du denn böser bist denn ich,

so solt die schuoch von mir enpfachen nicht

95 denn an einer stangen."

Man mag es wol sagen in allen landen,

das nüt böser ist denn ein bös wib.

das wirt bewert noch hütbezit,

das der tüfel nit volbringen mag

100 die bossheit weder ze nacht noch ze tag, 96 a

und doch dis wib hat verbracht

und so bald hat erdacht,

das si die liebi kond scheiden

und si verwerrti beide.

105 bös wib machet leid und zorn.

von der frowen wurdent si verworrn.

darumb so rat ich,

das nieman sol keren sich

an böse wib, well er genesen

110 und in fröiden well wesen.

hette der also getan,

so möcht er sin wib mit fröiden han.

95   stanngen   96   ꝺ   111   der B] dir

nieman als bald gachen sol,

er sol die mär erfarn wol,

115 ob es war oder erlogen si,

so mag er wol sin leides fri.

VI

RESPICE FINEM

⟨E⟩in edel man in einer statt sass.   96 b

gen dem truog ein burger grosen haß.

er was im fient umb etwas sach.

nu merkent, was darnach geschach.

5 der burger tot den edelman.

sin sun gedacht, wie er wölt fachen an,

das er den burger erstäche

und sinen vatter räche.

eins mals kam im in sin muot,

10 das er lerte scheren, das wer im guot,

und das er gieng in frömde land,

bis das man in nit me bekant,

und sölt denn daheim ein scherer wesen.

den burger wölt er nit lan gnesen,

Nach 116 12 Zeilen Leerraum   3 was] waz _ 9 ein   12 inn

15   und wenn der burger käm under in,

das er im schäre den barte sin,

so wölt er im abrissen die keln

und wölt sich dann von danne steln.

   Er fuor dahin in frömde land.

20   er wuochs, das man in nit bekant,

und lert scheren und fuor hein.

in bekant weder gross noch klein.

er ward ein scherer in der statt.

   Do kam der burger, der do hat

25   ertött den lieben vatter sin.

er gedacht, er wölt in richten dahin

und wolt im nemen sin leben.

in sorgen begond er streben.

nu was es sitt in der statt,

30   das ieklicher burger hat

ein rimen an dem gewande sin,   97 a

der was gemacht in latin.

der selb vers was also gedicht,

wend ir wüssen dise schrift:

35   Quidquid agis prudenter agas et respice finem.

also was er geschriben in latine.

des verses sin was, das ieder man

20   wuochs B] wůcher   35   agis B] agas   36   latin

allweg betrachtet solt han

in sinem herzen, was er wölt tuon,

40   das davon käm kein unsuon,

und das er solt betrachten in sim herzen,

ob darus käm fröid oder smerzen.

der scherer disen vers las.

er gedacht: „was ist das?"

45   vil bald begond er betrachten den rimen,

der da was geschriben in latine.

er hat betrachtung in sinem herzen: 97 b

„töd ich in, so kum ich in schmerzen

und han min leben verlorn.

50   ich wil von mir lassen disen zorn

und wil es underwegen lassen,

got der kan in selb wol strafen.

ertöd ich in, so muos ich sterben.

got sol in selb verderben.

55   ich wil in weder schlachen noch stechen.

got kan es selb rechen."

do er ob im stuond also,

der burger sprach zuo im do:

---

40 käm] kam   41 sim] sin

Nach 46   14 Zeilen Leerraum

57 Nach ‚im' durchstrichen ‚also'

„lieber scherer, sag mir,

60 was ist hie geschechen dir?

ich sech wol, du bist in leid.

lieber scherer wol gemeid,

sag mir, was ist din schmerzen,

den du treist an dinem herzen?"

65 er seit im do dise mer,

das er des edlen mans sun wär

und wölt sin vatter han gerochen

und wölt in han erstochen.

Dise bischaft uns ein lere git

70 und spricht: was man tuo in dem zit,

so sol man sich vor betrachten wol,

das man darnach nit werd leides vol.

in des dings anefang

so sol man gedenken, was darnach gang,

75 ob es übels oder guotes si

und ob man da müg sin aller sorgen fri,

und sol das ende ansechen,   98 a

ob fröid ald leid da kunn geschechen.

betracht vil wol, was da kom von,

80 das du bestandist an den eren schon!

man wirt von mänger sach leids vol,

das man vor hät verkomen wol.

in allen dingen solt betrachten dich,

als der jungling hat betrachtet sich.

VII

DAS SÄCKLEIN WITZ

⟨E⟩in koufman in grossen eren sas.

der hat ein buolen, als ich las,

den hat er lieber den sin wib.

sin wib hat er in grossem kib.

5   so er ussfuor nach gewin,   98b

so kouft er dem buolen sin

alles, das ir herz begert.

sin wib was im gar unwerd.

   Eins mals fuor er us uf gewin.

10   do sprach die frowe sin:

„elieber man, kouf mir ein sekelin

(so muos mir wol dester bas sin),

und da ein pfennwert witz in si,

so wirt ich alles leides fri."

15   der koufman sprach: „das sol sin,

Nach 84   15 Zeilen Leerraum   9   ein

22

ob ich nit vergiss din."

Gan Frankfurt fuor er hin
uf nutz und uf guoten gewin.
er kouft mängerlei schatze.
20 siner frowen er vergasse.
do er in sin wirtshus gieng,
der wirt in vil wol enpfieng.
mit enander assent si ze nacht.
der koufman sich do bedacht,
25 ob er hetti vergessen icht,
das er käme hein dar ane nicht.
der koufman zuo dem wirte sprach,
do er sich also bedacht:
„nu han ich noch vergessen ein ding;
30 das kostet kum dri pfenning.
es ist mit witzen ein sekelin.
das sölt ich han kouft der frowen min.
nach dem sekel hat si gros begir."
der wirt sprach: „lieber gast, nu sagent mir,
35 was ist üwer gefert dahein,
das üwer frowen kram ist so klein."
er seit im dise mär,
was im und siner frowen wer   99a

32 solt   35 da heim

23

und ouch, wie er einen buolen hat

40 daheimen so nach bi der stat.

der wirt sprach: „nu volgent mir,

so wirt erfüllet der frowen begir.

so ir wellent hein farn,

so sond ir üwer guot wol bewarn

45 und sond bös ghäs legen an

und sond zuo üwern buolen gan

und sprechent zuo ir alsus,

so ir koment für das hus:

‚ach liebes lieb, nu las mich in,

50 won ich so gar verdorben bin.

ich han verlorn als min guot.

darumb han ich ganz niena muot.'

das sond ir benüte lan.

ir sond ouch ze üwer frowen gan

55 und sond sprechen ze ir:

‚o wib, wie gar sint verdorben wir!

ich han verlorn als min guot.

daruber han ich verlorn min muot.'

tuond ir das, so wirt wol schin,

60 wa die recht liebi mag sin.

üch wirt zwar denn bekant,

wa ir die rechten liebi hant."

der koufman sprach: „uf min ere,

gern sol ich volgen üwer lere."

65   Also fuor er dahin

und bewart wol das guote sin   99b

und leit an gar bös gewant

und gieng, da er sin buolen vand.

er klopfet an und sprach ze ir:

70   „o herzlieb, lass mich zuo dir!

ich bin worden ein arme man,

sit ich min guot verlorn han."

si sach herus und sprach zuo im:

„blib duss, won ich unmüssig bin!

75   tritt vom hus ver hindan,

mit dir ich nüt ze schaffen han."

also ward er von ir empfangen.

    Vil bald kam er ouch gegangen

für sin hus und klopfet an.

80   vil bald sin wib do kam.

vil bald sprach er zuo ir:

„o wib, wie sint verdorben wir!

ich han verlorn als min guot.   100a

darumb so bin ich ungemuot."

85   si lüff herab bald zuo im:

„lieber man, laβ din truren sin,

Nach 69 11 Zeilen Leerraum

bis frölich und hab guoten muot.

ich han noch vil verborges guot.

wir hant noch gnuog, die wil wir leben.

90   got kan üns noch wol me geben."

in sin hus gieng er do.

die frowe was des vil fro,

das ir man was komen.

des kam si zuo guot und ze fromen.

95   der koufman schikt do umb sin guot.

     Sin buol wart do ungemuot,

das si in nit lies in.

si wand, er het verlorn das guote sin.

sin frow in aber wol enpfieng.

100   darumb es ir dester bas gieng.

     Mänger findet buolen vil,

all die wil er geben wil,

so er aber von dem geben lat,

so wüss er, das die liebe zergat.

105   die liebe wirt zerstöret gar,

wenn er die gaben nit me bütet dar.

die liebe wert lange zit,

die wil er pfennig von im git.

mänger sin antlit in der täschen treit,

110   der mit ungestaltnüs ist bekleit.

      gekoufte liebe wirt niemer guot.

      er hat zwar ein tumen muot,

      wer ein biderb frowen hat   100b

      und sich an torecht frowen lat.

115   die frowen minnent die richen man,

      den armen lant si sicher gan.

      wem min guot lieber ist denn ich

      und zuo mir gesellet sich,

      umb das das im werd das gelte min,

120   der sol zwar nit min geselle sin.

VIII

EIN SOHN BEISST DEM VATER DIE NASE AB

⟨W⟩as der man gewonet hat,

das ist ein wunder, ob er das lat.

was in der juget gewonet das kind,

als man an den buochen geschriben fint,

5   das selb tribt es in dem alten jar.

     Das gloubent, es ist sicher war,

Nach 120 16 Zeilen Leerraum

als ein man mich hat ermant,

do er so sere wart geschant

von sinem sun, den er hat

10   übel gezogen in einer statt.

was er tett, das geviel im wol.

des ward er darnach leides vol.

do begond der selb sun

in allen dingen unrecht tuon.

15   rouben und stelen kont er wol.

davon ward der vatter leids vol.

doch ward es im dik vorgeseit,

das der sun verbracht vil bosheit.

das wolt er aber nit glouben;

20   des wurden naß sine ougen.

    Do ward nit lang an im gespart,

das der sun gefangen wart,

won gar schädlich was sin leben.

do wart urtel gegeben

25   über in, er sölte hangen;

das hat er mit stelen begangen.

man fuort in us und wolt in henken.

der dieb do begond gedenken,

das in sin vatter hat gezogen also.

14   unrecht tuon B] vnrechtůn   22   won das

28

30   vil lut ruoft der dieb do:

       „lieber vatter, kum her zuo mir,

       was ich well sagen dir.

       ich bin leider in grosser not,

       ich wil dich küssen vor minem tod."

35   der vatter do zuo dem sun gieng.   101b

       den sun er vil bald umbefieng.

       der sun tett, als ob er wölt küssen in

       und beis im ab die nasen sin.

       der vatter schrei:„we und ach!

40   owe, das das ie geschach!

       ich wand, du wöltist mich küssen.

       du hast mir aber abgebissen

       die nasen, das ist mir leid."

       der sun zuo dem vatter seit:

45   „vatter, ich han dir getan itel recht.

       was ich tett, das was schlecht.

       du soltest mich bas gezogen han.

       an mir hast du übel getan.

       was ich tett, das gefiel dir wol.

50   des bist du worden leides vol."

       der sun ward erhenkt do

       der vatter gieng dannen und was unfro.

          Wer nit well werden leides vol

53   d; vol B] vel

von sinen kinden, der sol

55   si wenen in der jugent,

das si stellent uf er und uf tugent.

man sol si lernen sitten guot

und inen nit verhengen iren muot.

man sol durch nütte lassen.

60   umb unrecht sol man kint strafen.

man sol kint darnach halten,

wann si beginnent alten,

das si sient in guoter huot,

und das gerecht si iro muot.

65   won was der man gewonet hat   102 a

in der jugent, vil kum er das lat.

wenn er kunt zuo sinen tagen,

so muos er das selb tragen,

das er gewonet hat.

70   darumb so gib ich den rat,

das man kint zieche in der jugent,

das si stellent uf er und uf tugent.

Nach 72   13 Zeilen Leerraum

IX

DER WOLF ALS FISCHER

⟨H⟩ie vor in einem winterzit,
so schne und rifen lit,
do dinget ein wolf ein knecht.
dem geschach dik gar unrecht.
5 der knecht ein fuchs was,
als ich an einem buoche las.
der fuchs solt dem wolf helfen steln
und solt es vor den lüten verheln.
der selb wolf wolt alle jar
10 dem fuchs geben ane var
acht guldin und sin essen darzuo.
er solt im dienen spat und fruo.

    Do der dienst wol gefestnet wart,   102b
do huob sich der fuchs uf die fart
15 und fieng ein gans, die was guot.
er zoch hein, frölich was sin muot.
er ruoft dem wolf, dem meister sin:
„wol her, nim die ganse hin!"
der wolf teilt die gans do
20 an dri teil und sprach also:

2 schne B] sche   13 wol B] wolg

31

„los fuchs, was ich sage dir.

der erst teil gehört mir.

der ander gehört den kinden min.

der drit sol mines wibs sin."

25 der wolf sprach: „fuchs, ich han vergessen din.

louf aber me dahin

und bring etwas me,

das wir gebüssent des hungers we."

   Der fuchs zoch uf das feld hindan

30 do sach er ein geis gan

in einer wisen. si was kluog,

si was gar eben des fuchs fuog,

er fieng da die geis zehand

und gieng, da er fand

35 sin meister. vil bald er kam.

die geis er ouch teilen begon.

er teilt an drü stuk die selben geis.

vil fräslich er darin beis.

er sprach: „der erst teil ist ouch min.

40 der ander sol der kinden sin.

der dritt gehört miner frowen."

der fuchs begond den wolf anschouwen

und sprach: „das ist ein bös recht,

das ir verteilent üwern knecht."

45 der wolf do antwurt im

und sprach: „wenn ich voll bin,

so sorg ich nit, wie es dir ge.

louf, bring uns aber me!"

    Der fuchs gieng aber dahin

50 und gedacht in dem sinne sin,

wie er den wolf wölt beschissen .

des begond er sich vast flissen.

zuo dem wolf begond er aber traben:

„wolf, meister, hör, was ich sage.

55 ich weis ein wier vischen vol.

da wil ich üch lernen wol,

das ir die visch vachent alle."

das begond dem wolf wol gefallen.

er sprach: „so füer mich dahin,

60 da der wier müge sin."

zuo dem wier giengent si do.

der fuchs zuo dem wolf sprach also:

„her wolf, wilt du volgen mir,

so hör, was ich sage dir.

65 den schwanz in das wasser tuo,

so loufent die vische alle zuo

und hangent dir daran.

enkeiner mag dir engan.

so denn die vische koment daran,

70 so solt du bi nütte lan,

du solt den swanz herus ziechen
und damit an das land fliechen."
der wolf volget der lere sin　　　　　　　　103b
und stiess den swanz ver hinin.

75　do gefror im der schwanz harte vast,
das er mit keiner kraft
noch mit keinen dingen
den swanz mocht herus bringen.
in dem wier muost er sin,

80　bis das ein man kam dahin.
der schluog do den wolf ze tod.
das schuof der fuchs, das tett im not.

　　Wer den andern betriegen wil,
genüst er des, das ist nit vil.

85　wer mir wil tuon dik unrecht,
des ding sol niemer werden schlecht.
wer mir abbricht min rechten lon,
mag ich den betriegen, das wil ich tuon.
wem ich tuon recht und wol

90　und denn mir nit lonet, als er sol,
den wil ich bringen in leid und in we
und wil im dienen niemer me,
als der fuchs hat geton,

Nach 72 · 14 Zeilen Leerraum　　　83　q

34

do im der wolf den rechten lon

95 umb sin dienst nit wolt geben.

er bracht den wolf umb sin leben.

sölicher lüten man noch vil fint.

wenn si wol gespiset sint,

so achten si nit, was eim andern gebrist.

100 das si geschent werdent in kurzer frist!

X
DER PFAFFE MIT DER SCHNUR

⟨E⟩s hat ein man ein junges wib.

die hat er als lieb als sinen lib.

doch ir trüw si an im brach.

Eins mals do si ein pfaffen ersach,

5 do kam dem pfaffen in sin sinne,

das er si bat umb die minne.

si sprach: „wie wöltin wir es fachen an,

wan ich han so ein häftigen man?

vernäm er von mir söliche mär,

10 so wüssent, das ich verlorn wer.

doch kan ich es wol vachen an,

das si nit wirt innen min man.

Nach 100   13 Zeilen Leerraum

ein schnuor wil ich binden an die füesse min. 104

wenn denn üch dunkt, das es zit söle sin,

15 so züchent das seil, das ich erwach

(so vernimpt min man nit dise sach),

so wil ich dann zuo üch gan.

vilicht spricht denn min man,

war ich welle, so sprich ich:

20 ,in dem buch krimet mich.

mich dunkt, möcht ich ze stule gan,

min schmerz müest ein ende han.'

so wänet min man, es si war,

so kum ich denn zuo üch dar."

25 der pfaff sprach: „der sin ist guot.

des ist erfröwt aller min muot.

damit gang, lieber buol, dahin.

wenn mich dunkt, das es zit söl sin,

so kum ich denn zuo üch dar."

30 der pfaff sprach: „der sin ist guot.

Die frow gieng hein in ir hus.

si assent ze nacht und sprach alsus

zuo irem man: „mir ist gar we.

darumb sond wir gan schlafen dester e,

35 das ich kom zuo der gesuntheit wider."

17.18 in umgekehrter Reihenfolge

also giengent si do nider.

die frow erlöscht das liecht zehant.

die schnuor si an die füesse band

und leit sich in ir guoten gemach.

40   Nu merkent, was do da geschach.

do die frow entschlief, do wolt der man

sin harnwasser von im lan.

an die schnuor sties er sich.

das ducht in gar wunderlich.

45 in wundert, was die schnuor tätte da.

der schnuor ende gieng er na.

bis das er an der frowen füesse kam.   105a

vil gros wunder er darab nam.

er getacht, was die frowe meint damit.

50 in beducht, es betüte guotes nit.

das seil band er selb an die füesse sin.

er gedacht: „wer wil komen herin?"

    Zehand kam der pfaff gegangen.

an die schnuor begond er hangen

55 und zoch fast. der man stuond uf

und gieng hinab in das hus.

37 erlöscht B] erlöst   44 dŭcht   49 damit B] damitte

50 bedŭcht   Nach 56 13 Zeilen Leerraum

do fiel der pfaff an den selben man.

er wand, er sölt sin buolen han.

der man umbfieng den pfaffen

60 und sprach: „was hast du hie ze schaffen?

du bist ein minner, das sich ich wol.

der minne dir genuog werden sol."

   Vil bald ruoft er der frowen sin:

„stand uf, liebe husfrow min,

65 es ist ein dieb in dem hus.   105b

der wolt das unser tragen us.

vil bald zünt ein liecht an.

er muos ie sin leben hie lan."

die frow stuond uf und was leides vol.

70 vil bald blies si an ein kol.

si sprach: „das liecht wil brünnen nit.

darumb so bitt ich dich,

das du selbs enzündest das liecht

und gib mir die wil den dieb

75 in min hand. ich wil in vast han,

das er mir nit kan engan."

der man blies selb an den brand.

die frow nam den pfaffen an die hand

und sties in für das hus hindan.

Nach 68   14 Zeilen Leerraum

80 vil bald si do einen esel nam

und hat den vast in ir hant.

und do der man hat enbrant

das liecht, do kam er geloufen.

die frow sprach:„ina woffen woffen!

85 wie bist du so ein unsinniger man,   106 a

das du ein esel für ein dieb vallest an."

er sprach:„es ist zwar ein man gewesen.

den hast du hie lassen genesen

und hast den uss dem hus gelan

90 und den esel in die hant getan.

darumb so gang us, du böses wib.

du hast verschmachet minen lip

und woltest haben ein andern man.

des muost du uss dem huse gan.

95 Die frow lüff für das hus hindan.

zuo einer alten frowen si do kam.

von gräwe was wiss ir har.

si sprach:„liebe frow, nement war,

ich wil üch trülich klagen,

100 min man hat mich usgejaget.

darumb wil ich üch geben lon,

das ir wellent für das hus gan

Nach 94 14 Zeilen Leerraum   100 hat] hett

und da wellent weinen vor dem hus.

so wil ich gan hinus

105 zuo minem herrn, wie er sich gehab, 106 b

ob er enkeinen gebresten trag."

das alt wib sprach: „ich wil es tuon.

gebent mir ein käs und ein huon."

si sprach: „ich wil üch noch me geben,

110 das ir die sach nu volbringent eben."

   Das alt wib sass für das hus hindan.

vil fast weinen si begann.

do lüff der man herus

und schluog das alt wib vor dem hus

115 und sneit ir ab ir grawes har.

er wolt wänen sicher für war,

das es were sin eliche frow.

das hare gehielt er do

in ein tuoch schön und vin

120 und band es gar sicher darin.

   Do nu der schön klare tag harkam,

do lüff der selbe man

und luod die fründ siner frowen

und wolt si lassen schowen

125 das mord, das im sin frow hat gefan.

dahin kament frowen und ouch man,

die ir fründ solten sin.

er gab inen fleisch, brot und darzuo win.

do si also trunken und asent 107 a

130 und ob dem tische sassent,

do truog der man hinin

das selb har in eim tüechelin

und sprach:„ir fründ, ich wil üch klager

und von miner frowen etwas sagen.

135 si hat mir armen man

gar ein gros untrüw getan

nächt ze nacht mit einem man.

den wolt si bi ir schlafen lan.“

und seit den fründen also die mär,

140 wie es ergangen wär.

er sprach:„ lieben fründe, nement war,

ich schneid ir ab ir har

ze einem wortzeichen und durch das,

das man es geloupti dester bas.“

145 er nam herfür das selb har.

do was es itel grawe gar.

das har sachent die fründe an.

die frow sprechen do began:

„sechent, lieben fründe min,

150 der man mag wol unsinnig sin.

Nach 128   8 Zeilen Leerraum   150   unsinnig B] vnsinng

min har ist gelw und grawe nicht.

nu sechent, wie mir mit im geschicht.

nächt fieng er ein esel für ein man

und schrei den für ein dieb an.

155 des har hett er abgesnitten

und wil mich nun geschenden damitte."

die fründ wandent all, es wer also,   107 b

und sprachent allsament do:

„der man ist unsinig, das sicht man wol.

160 vil bald man im helfen sol."

si schiktend nach einem priester zehant,

der die lüt besweren kond.

der beswuor do den armen man.

si warent alle in dem wan,

165 der man wer unsinnig gewesen.

    Nu merkent, wer nu müg genesen

vor böser valtscher wiben list.

o wie sälig er nu ist,

der mit bösen valschen wiben

170 ein leben nit solt vertriben!

si betörent mängen wisen man.

Nach 156   14 Zeilen Leerraum   157 all es] alles

166 ḍ   168 o wie] owe

vor inen sich ieman kum hüeten kan.

wer nu kunt in ir band,

von inen kunt er kum ane schand,

175 er wirt betöret an allen wan.

also geschach disem armen man.

er muost ie unsinnig wesen.

ich han noch me gelesen,   108a

das Salomon ein wiser man

180 den wiben ouch nit kont engan,

und Samson und Alexander.

die kament all in schande

von böser valschen wiben list.

aber ein zart biderb wib ist

185 ein kreentur vor allen dingen:

wa man die mag finden,

si ist gold und aller eren wert.

kein besser ding weis ich nu uf erd

denn ein zart biderb frowen.

190 alles leid kan si zerhowen.

man sol si loben und zieren

und in aller ere füeren.

181 allexander   185 kreentur B] krentur
Nach 192 18 Zeilen Leerraum

XI

DIE KATZE ALS NONNE

⟨E⟩ines mals das geschach,

das ein katz ein muß loufen sach ⟨108 b⟩

in ein loch was spinnwupp vol.

die katz tett als ein katz sol

5 und lüff in das loch nach der mus

und fieng si, und do si kam herus,

do lag ir ein spinnwup uf dem houpt.

die katz do für war geloupt,

si trüg ein wiler uf irem houpt do.

10 in irem sinne gedacht si also:

„ich bin ein nunn, das sich ich wol.

der müsen ich nit me vachen sol.

ich wil alle zit geistlich leben.

den müsen wil ich nit me nachstreben.

15 ich wil tuon das ein frow tuon sol.

ich hoff, mir sölle werden wol.

als ein nunn kan ich wol gebarn,

zuo andern nunnen wil ich farn.

ein andre sol die müse vachen.

20 in ein kloster wil ich gachen."

9 ufß Nach 20: durchstrichen ‚Si wanden sy wölte mûse vac⟨

Un do si in das kloster kam,

zuo den nunnen lüff si hindan

und wolt ouch ein nunne wesen.

do kond si weder singen noch lesen.

25 die nunnen die katzen ansachen.

si wanden, si wölt müs vachen

und beschlussent si in ein kornhus.

darin lüff vil mänig mus.

die muost die katz vachen us

30 do was ir nunheit alle uß.

in das kornhus ward si beschlossen.

das tett ir we und verdrossen.

si muost ie wesen darinne.   109a

do gedacht si in irem sinne:

35 „wie bin ich so gar hie betrogen,

sid mir ist der wiler ufgeflogen.

es rüwet mich und müet mich ser,

das ich ie bin komen her,

ich wand, ich sölt ein nunne sin.

40 das ist nu nit, das ist wol schin.

die müs muos ich vachen als vor.

nu merk ich, das ich bin ein tor."

Sölicher torn man noch mängen fint.

43   q

so si ein wenig gezieret sint

45 so wend si glich dem keiser wesen.

vor inen kan denn nieman genesen.

von ir glich wichent si zehand,

als ob si si nie habent erkant.

doch so si sich sond herlich gebarn,

50 so stand si als ander narren

und müesent sin, das si warent vor.

die katz branget fast enbor.

ir gespilen verschmachet si zehant,

als si si nie habent bekant.

55 si wand, si wer edel von rechter art.

do tratt si bald uf die vart

und wolt ein klosterfrow wesen.

doch zelest mocht si nit genesen.

si was ein katz, als si vor was.

60 vor schanden si do kum genas.

46   nieman   Nach 60   21 Zeilen Leerraum

XII

ST. PETRUS UND DER HOLZHACKER

⟨H⟩ievor fuogt es sich an einem tag,   109b

das ein priester bredigen pflag.

darzuo kament der lüten vil,

als ich üch sagen wil.

5 er sprach:„wer mit arbeit neret sich

und die arbeit tuot getrülich

und ir pfliget allzit wol,

als ein getrüwer man tuon sol,

der mag licht betten und vasten darzuo

10 und andre guote ding tuon.

arbeitet er nu mit rechten flis,   110a

er kunt als wol in das paradis,

als einer, der da bettet alle zit

und sust kein arbeit darzuo lit."

    Do er nu gesprach dise wort,

vil bald es ein holzhaker erhort.

er behat die wort gar wol.

er gedacht:„der bredgi ich volgen sol.

ich wil nu zwar allen tag

20 arbeiten, wa ich kan und mag."

---

9 liecht

er arbeitet vast und tett darzuo

sust kein guot weder spat noch fruo.

er wand, er tätt gnuog.

das er arbeit und doch kein guot

25 darzuo tett, das betrouch in zwar.

    Do er gestarb, er ward sin gewar.

er wand an alle pin

behalten werden durch die arbeit sin

und wolt gan himel farn zehant.

30 den schlegel und die ax er uf die gürtel bant,

und do er kam an das himeltor,

sant Peter sprach:„wer ist da vor?"

er sprach:„ich bin ein man,

der all sin tag vil arbeit het gehan.

35 ich han mich mit arbeit ernert,

als denn mich ein pfaffe lert,

der sprach:‚wer da arbeit trülich,

der mag wol komen in das himelrich.'"

. sant Peter sprach:„nu sag an,

40 hest du got ie kein dienst getan

oder sant Marien, der muoter sin,

oder andern helgen? das tuo mir schin.

ald bekennest ieman im himelrich,

das er got bätte für dich?   110b

45 oder hast du got ie kein guot getan?

das solt du mich wüssen lan."

er sprach:„ich han gehept gros arbeit,

als ich dir vor han geseit.

mit holz schiten han ich mich ernert,

50 als mich der pfaff hat gelert.

sust gedienet ich nie gott."

sant Peter sprach an allen spott:

„hest du darzuo kein ander guot getan,

so fürcht ich, du müesist von hinnen gan.

55 hest du nit gehalten gottes gebott

und hast ouch nit gebetten gott,

das er dich behüeti vor der hellen

und vor Lucifiers gesellen,

und hest ouch got nit geeret?

60 ich weis, das dich der pfaff leret,

wer da arbeit grösklich

und mit arbeit erneret sich

und die arbeit mit trüwen tuot

und sich sust vor sünden behuot,

65 der bedarf nit als vil betten und fasten

als einer, der alle zit ruowet und rastet.

wan wer müesig ist und nit arbeit

und darzuo lidet deheines leid,

61   q

der ist schuldig von recht,

70 das er got diene als ein getrüwer knecht
mit betten, vasten und wachen
und mit mängen andern sachen.
aber so vil ist er schuldig nicht,
wer da alle zit der arbeit pflicht

75 und si mit ganzen trüwen tuot."
do sprach diser mit erschroknem muot:
„das han ich leider nit getan.
ach herre got, wie sol es mir ergan?   111a
het ich die bredgi recht verstanden,

80 so wer ich ietz ledig der schanden
und wurd behalten ewenklich.
ach, her sant Peter, nu bitt ich dich,
das du mit helfest us disem leid."
sant Peter zuo dem mane seit:

85 „gib mir in die hand den schlegel din.
mag ich dich denn ziechen herin,
so solt du wol beliben zwar."
den schlegel bot er sant Peter dar
und hangt sich daran.

90 und da er an den obresten staffel kam,
do huob sich kumers vil,

wan uss dem schlegel viel der stil,

daran sich huob der arm man.

do gieng erst sin liden an

95   mit dem stil viel er do

herab, des ward er unfro.

in die helle nam er den val.

alle sin fröide wurdent smal

siner arbeit hat er enkeinen lon,

100   das er sich mochte fröwen davon.

XIII

DER PFAFFE IM KÄSKORB

⟨E⟩in pur hat ein stolzes wib.   111b

die hat er lieb als sin eigen lib.

doch ir trüw brach si an im,

wan ein pfaff lag ir in dem sin;

5   den hat si lieber denn ir eman.

und was si guotes mocht han,

das was dem pfaffen bereit.

und wenn der pur von huse reit,

Nach 100 11 Zeilen Leerraum

so sant die frow nach dem pfaffen.

10   den ließ si denn mit ir schaffen.

was nu sin herz begert,

des wart er von ir gewert.

   Doch kam es uf ein tag darzuo,

das der pur ze müle fuor.

15   vil bald aber der pfaffe kam.

als er vor dik hat getan.

do bereit im die frow ein essen,

wan si hattent sich vermessen,

si wöltind ein fries müetli han.

20   do kam von der müli der man

und klopfet an das hus zehant.

die frow das do wol bekant,

das es was ir man.

zuo dem pfaffen sprechen si began:

25   „o herr, wie sol ichs heben an,

won es kumpt min elicher man.

wirt er üwer gewar,

er erstichet uns bedi zwar."

zehand sprach der pfaff zuo ir:

30   „sich frow, gefiel es dir,

so wölt ich in den käskorb stigen,

12   ir a g.

wan darin wil ich wol beliben,

das es niemer innen wirt din man."

si sprach:„ja, das wer wol getan.   112a

35 mugent ir darin endrünnen,

für war er wirt üwer niemer innen."

zehant er in den käskorb sprang.

der pur do zuo der tür in trang.

zehant die frow sprechen begann:

40 „ach, setz dich nider, min lieber man,

und laß üns haben ein guoten muot.

ich han gekochet zwei essen guot.

die laß üns mit enander essen.

so han ich mich ouch vermessen,

45 ich well üns darzuo bringen win."

der pur sprach:„frow, das sol sin.

ich iß und trink als gern als du.

trag üns nun gnuog herzuo.

bringst üt guots, ich hilf dir essen."

50 und do si ze tische warent gesessen,

do aß der pur gar ser,

aber die frow sach hin und her.

do sach die frow das,

das in dem korb ein loch was.

55 dadurch hieng dem pfaffen das,

das im bi sinen beinen gewachsen was.

das was wol einer spanne lang.

die frowen do die sorg betwang,

das si erdacht in irem sin,

60 das es der pfaff züge zuo im

hinin in die käsborn,

won si vorcht ir mannes zorn.

zehand sprach si do zuo dem man:

„elieber man, nu sag an,

65 was went wir morn tuon,

so der pfaff wirt mit dem krüze gan?

went wir nit ouch mit im singen,   112b

das wir lob für ander lüt gewünnent?"

„ja," sprach er, „es gefalt mir wol.

70 ich sing, was ich singen sol.

ich hilf dir singen uf min eid."

die frow do zuo dem puren seit:

„ich kan ein gesang, das ist fin."

do sprach der pur: „liebe husfrow min,

75 so heb an und lern es mich!"

si sprach: „so los! ich lern es gern dich."

also huob si an und sang,

das es in dem ganzen hus erklang:

57 **spanne]** spange

Un - ser her der pfar-rer in ein kes-bo-ren en-tran

do hien-gent im die ho - den un - den ver hin-dan

nun tuond es durch mi-nen wil-len und zie-chents hin - uf baß

wurd es der mei-er in - nen er wurd uns ge - haß

ky - ri - e - ley - son

do der pfaff das gesang vernam,

80 zehand geriet er wol verstan,

das sin ding hieng durch das loch.

vil bald er das hinin zuo im zoch

und beleib darin, unz das der man

ward von dem huse gan.

85 do sprang er bald zuo dem korb herus   113a

und lüff wider hein in sin hus.

damit was er wol endrunnen.

Ich gloub, das under der sunnen

niena si kein listigers tier

88 q

90   denn ein wib. si erdenket schier

einen list in irem herzen,

das si kunt us not ane smerzen.

so ein frow hat getan

mit unzüchten wider iren man,

95   wirt joch sin der man halben weg innen,

si erdenkt denocht in irem sinne,

das si wol kunt an not darvon,

als dise frow ouch hat getan.

XIV

DER KOCH

⟨B⟩i einem kloster gelegen was

ein burg, daruf ein herre sass.

der hat ein frowen edel und fin.

dero kam eins mals in den sin,

5   das si wölt spacieren gan.

in das selb kloster si do kam   113b

und spacieret in dem garten grüen.

darin was manig blüemli schön.

darin si grossen lust enpfieng.

10   ein stigel über einen zune gieng.

Nach 98   14 Zeilen Leerraum

darüber solt die frowe tretten.

do kam des klosters koch ungebetten

und half der frowen über den stig.

lieblich trukt er si an sinen lib

15 und umbfieng si gar lieblich.

des wundert die frowe sich

und sprach zuo dem koch do:

„wie meinst du es also,

das du mich umbfachest so lieblich?

20 das sag mir, das bitt ich dich."

er sprach:„frow, das sol sin.

ich trukt üch an das herze min

von rechter liebe, die ich hab

zuo üch gehebt vil mängen tag.

25 in minem herzen han ich üch getragen,

doch torst ich es nie gesagen."

si sprach:„koch, ist es war?

des wil ich dir lonen zwar.

kum in ünsern hoff uf dise nacht.

30 doch solt wol haben acht,

das man dich nit seche darinne.

so wil ich erdenken einen sinne,

das du bi mir belipst die nacht."

„gnad frow", do der koche sprach,

35 „wes ich nu lang han begert,

des wirt ich also von üch gewert."
also schied si do von dan.

    Und do si uf die bürge kam
und es ward nachen der nacht,

40 die frow do an den koch gedacht
und wartet sin, und do er kam
vil bald si in zuo ir nam
und fuort in an ir bestes bet.
vil tougenlich si zuo dem koch rett

45 und sprach:„ an das bet leg dich nider!
da beit, bis das ich kum herwider.
las dir die wil nit lang sin."
also gieng si do hin
in die stuben; da spilt der herr.

50 also nam si den widerker
und leit sich zuo dem koch hindan.
der koch die frowen fragen begam,
ob der herr wer in dem hus
oder ob er wer geritten us.

55 si sprach:„ mit den knechten spilt er in dem bret
zehant do der koche rett;
„frow, ist der herr in dem hus,
für war so wil ich gan hinus.

44 tougenlich B] tugenlich

58

wan ergift er mich herinne,

60 er gibt mir zawr der minne."

si sprach: „koch, belib hie bi mir.

fürcht dir nit, das gebüt ich dir.

leg dich an das ort hindan

und gebar dich als ein manlicher man.

65 acht niemans und hab guoten muot.

fürcht nit, was der herre tuot."

also bleib der koch bi ir.

mit sorg ward erfült sin begir.

Und do nu der herre kam,

70 an das bett leit er sich hindan.

doch gesach er nie den koch,

wan die fedren giengent für in so hoch,

das er in nit sechen kond.

die frow do sprechen do begond: 114b

75 „her, sol ich üch nit sagen

und von des klosters koche klagen?

do ich hüt was in dem garten,

vil ser begond er uf mich warten.

und do er mich aleine fand,

80 zuo mir kam er zehand

und bat mich, das ich läg bi im.

79 aleine B] anleine

59

do sprach ich: ‚koch, das sol sin.

wart min ze nacht bi dem zun,

so wil ich dinen willen tuon

85 und wil komen zuo dir

und wil erfüllen din begir.'

also gloubt er zehande mir

und sprach: ‚frow, so koment schier,

so wil ich üwer warten

90 hie in disem schönen garten.'

also gieng ich von im.

also wänet er noch in sinem sin,

ich welle zuo im komen dahin.

darumb, lieber herre min,

95 legent an das gewande min

und gant hinab und wartent sin

in dem garten bi dem zun."

der herr sprach: „das wil ich gern tuon.

gib her din schleier und gewand.

100 ich louf hinab zehand

und wil sin warten gar eben.

der minne wil ich im gnoug geben.

mit einem stecken sicherlich."

    Also bekleidet der herre sich

105 mit siner frowen gewand

und gieng hinab zuo dem zun zehand.

und do er uss der kamer kam,

der koch sprechen do began: 115a

„o frow, wie hant ir mich betrogen!

110   üwer trüw hat mir ser gelogen.

ir wend mich bringen in grosse not.

mir wer wäger der bitter tod."

die frow sprach:„koch hab guoten muot.

din ding sol noch werden guot.

115   vil bald leg an din gewand

und nim ein steken in din hand

und gang hinab zuo im

und gebar in dinem sin,

als ob du wänest für war,

120   das ich si komen dar

und welle tuon den willen din.

zehand solt du sprechen zuo im:

‚ach frow, du schamliches wib,

daran hett ich gesetzt min lib,

125   das ir ein sölichs ⟨nit⟩ getörstint tuon

wider üwern fromen man.

ich wand, ir werind trüwe vol.

das ist nu nit, das sich ich wol.' "

    Also leit er an sin gewand

130   und gieng, da er den herren fand.

        mit eim stecken trat er zuo im,

        als ob er wand, es wer die frowe sin,

        und sprach: „o frow, du untrüwes wib,

        daran het ich gesetzt minen lib

135   das ir ein sölichs ⟨nit⟩ getörstint tuon

        wider üwern biderman.

        ich wand, ir werind trüwe vol.

        das ist nu nit, das sich ich wol.

        mit listen ich üch erfäret han.

140   das wil ich sagen üwerm man.

        darzuo wil ich üch ouch schlachen."   115b

        der herr sprach:„koch, du solt nit gachen.

        ich bin der herr und nit die frow."

        der koch sprach zuo dem hern do:

145   „o her, wie mag das sin?

        ich wand, ir werind die frowe min.

        die wolt ich erfäret han."

        er sprach:„du hast im recht getan.

        ich sich wol, si ist mir getrüw.

150   min trüw sol ouch werden nüw

        gen ir, wan ich sich wol,

        das si ist aller trüwen vol

        und du bist ouch des glichen.

        darumb solt niemer von mir wichen.

155   in minem hof solt du bliben

      bi mir und minem getrüwen wibe."

        Der koch also bi dem hern bleib.

      mit der frowen er sin muotwillen treib

      und was denocht der liebst sines hern.

160   das sach die frow ze mal gern.

XV
DIE ZWEI BROTE

⟨Z⟩wen bettler giengent über feld.   116a

die hatten weder brot noch gelt.

darumb liden si hungers not.

si wanden, si müesten ligen tod.

5   do sprach der ein:„ach got, berate mich,

    wan grossen hunger lid ich."

    der ander sprach:„so berate mich

    der herr, der da gewaltig ist

    über dis land ze diser frist.

10   der mag mir gehelfen wol

    von dem hunger, den ich tol."

      Also fuogt sich das,

Nach 160 14 Zeilen Leerraum

das ein diener dabi was,

der dem selben hern dienet do.

15 und do er die rede hort also

von den bettlern, do reit er

hein und seit dem herrn die mär.

und do der herr die rede vernam,

zehant hieß er den pfister her gan,

20 das er bald büeche zwei brot.

der pfister tett, was er im gebot.

und do di brot warent gebachen,

do hieß der herr in das ein vermachen

hundert gulden, und das ander solt

25 beliben an silber und an gold.

Mit den zwei broten sant er hin

den selben knecht und hiess in,

das er gäb dem das lichter brot,

der da hat gebetten got.

30 das swärer brot solt er dem andern geben.

und sprach: „blib da und merk eben,

ob ich den minen berate bas

denn got den sinen." und do das

der knecht erhoret hat,

zehand er zuo dem bettler tratt   116 b

28 liechter

und gab dem ersten das lichter brot,

der da bat, das in berieti got,

und das brot mit den guldin

bot er dem andern bettler hin,

40   der da bat, das in der herr berieti,

der das selb land rengnierti.

do das brot hat genommen der bettler,

do ducht es in vil ze swär.

darumb sprach er zuo dem gesellen sin:

45   „ach, wie swär ist das brote min.

es ist nit gebachen gnuog."

der ander sprach:„gibs mir, es ist min fuog,

wan ich iß gern lindes brot."

zehant er es im dar bot.

50   also do der wechsel geschach

und diser das brot ufbrach,

do fand er die gulden darin.

vil bald sprach er zuo dem gsellen sin:

„mich hat got beraten wol,

55   wan das brot ist guldin vol."

do nu diser bettler die sach vernam,

er sprach:„ach, was han ich getan!

das brot was ze erst geben mir.

36 liechter   43 dŏucht

nu sich, wie bin ich betrogen so schir.

60 es mag mir iemer wesen leid."

der erst bettler do ze im seit:

„ich bat, das got beriete mich,

so bät du aber, das dich

der irdisch herr berieti,

65 der das land hie regierti.

darumb so mag man merken dabi,

welher ein besser berater si."

    Also gieng do der knecht zehand,

da er sinen hern fand   117a

70 und seit im eben die mär,

wie es ergangen wär.

do sprach der herr:„nu sich ich wol,

das sich kein mensch vermessen sol,

das er welle tuon bas denn got

75 wan es ist sicher ein spot.

das ist an mir wol worden schin,

won ich wolt ein besser berater sin

denn got. das ist nu nit geschechen.

der warheit muos ich selber jechen.

80 was got wil, das geschicht.

das gloub ich nu und anderst nicht."

XVI

DER WOLF UND DIE GEIGE

⟨M⟩an findet uf erden mängen man,
der sich mit siner stime kan
den lüten so süesse machen
in allen sinen sachen,
5 das man wänt, er sie vol
süessikeit. das spürt man wol
an einem wolf. do der kam
eins tags gegangen uf ein plan,
da er ein gigen fand,   117b
10 an die gigen greif er zehand
mit sinem fuosse. vil sere si klang.
vil wol gefiel im das gesang.
von der stime ward er fro
und gedacht in sinem sinn also:
15 „sid diss ding singet so wol,
so ist es ouch süesser spise vol.
darumb so han ich mich vermessen,
ich welle sin gnuog essen."
also beis er ie darin zehand.
20 vil bald er do wol befand,

14 sinem B] sinenn

das es hertes holze was.

zehant sprach er: „was sol das?

das da hat so süessen ton

und doch kein guot kunt davon,

25 es hat sicher mich betrogen.

sin stime hat mir gelogen.

won si was süess, do wand ich

si were ouch süesser spise rich.

das ist aber nit, wan si ist vol

30 hertikeit, das spür ich wol."

 Diser gigen sint glich,

es sient arm oder rich,

es sient frowen, man, jung oder alt,

die ir wort mänigfalt

35 kunnent sprechen mit süessigkeit

und doch der selben bitterkeit

darin verborgen habent

und valscheit darbi vergraben.

wer den selben glouben wil,

40 der wirt betrogen dik und vil

das ist an dem wolf worden schin,

do ir stime was süess und fin   118a

und doch das holz was herte gar.

als bald er sin ward gewar,

45 er sprach:„süesse ist din ton,

aber kein nutz kumet davon.

du bist hert und bitter darzuo.

ein ungehüre stim hat ein kuo

und ist denocht besser denn du.

50 darumb so merk ich nu,

das ich nit sol gelouben der stim,

ich werd denn vor der güete innen."

XVII

DER DANKBARE LINDWURM

⟨E⟩in küng in grossen eren sass.

der hat ein schaffner, als ich laβ.

Gwido was der schaffner genant.

Eins mals reit er über land.

5 do benachtet er in einem wald

und kam geritten bald

uf ein hol, das er doch nit sach.

darinne geschach im ungemach,

wan er viel darinne zehant.

Nach 52   13 Zeilen Leerraum

10 vil schier er ouch da fand

einen lintwurm, der an dem tag

was ouch gefallen in das grab.

er kond weder mit list noch sin

herus komen, und do in

15 der wurm sach, vil bald floch er

in ein ort. der herre zoch her

in ein ander ort; er da bleib.

. . . .

ietweder forcht den andern ser.

20   Und do nu der tag kam daher,

do kam ein armer man gefarn

nach holze mit sinem karn.

uf die gruben kam er do.

Gwido sach in und was fro

25 und bat in, das er im davon

hülfe, won guoten lon

wölt er im geben sicherlich

und wölt im ouch von dem küngrich

gnad und hilf erwerben,

30 zug er inen also us der erden.

17 bleib B] bleibl   19 andern B] ander

29 Vor ‚gnad' durchstrichen ‚gnach'

zuo dem herrn der pure sprach:
„ach herr, das brächt gros ungemach
mir und den armen kinden min,
sölt ich üt lenger von in sin,
35 wan si lident grossen hungersnot.
kum ich nit schier, so sint si tod.
darumb ich nit langer sumen kan."
do sprach aber in der gruob der man:
„nit tuo! also erledge mich
40 von diser not, so wil ich
dich machen rich an gold.
darumb so wirt dir ouch hold
der küng, des schaffner ich bin.
hilfest mir, es wirt din gewin.   119a
45 darzuo den kleinen kinden din
sol ouch geschechen hilfe schin."
der pur erhort sin gebett.
vil bald er von dem karn tett
ein starkes seil und bot es dar.
50 des nam der wurm eben war.
an das seil sprang er do.
er kam herus und was gar fro,
das er also endrunnen was.

35 grossen

der herre bat aber bas,

55 das er im ouch bütte das seil.

dadurch sölt im geschechen heil.

das seil er im ouch dar bot.

und da er kam uss der not,

do sprach er zuo dem man:

60 „grosse hilf hast du mir getan.

darumb kum morn gen hof zuo mir,

so wil ich wol danken dir

der hilf, die du mir hast getan."

also schieden si do von dan.

65 Nu merkent eben, was ich sag.

do nu kam der mornig tag,

do kam der pur gan hof gegangen

und wand, er sölte wol enpfangen

werden von dem hern sin.

70 vil sere fragt er nach im.

zuo einem hofman er do kam.

den bat er, das er wölt gan

sagen des künges schaffner.

das der man komen wer,   119b

75 der im half von siner klag,

do er in der gruoben lag.

der man tet, das er in batt.

zuo dem schaffner er do tratt

und seit im die märe,

80   das der pur komen were.

der schaffner antwurt im und sprach:

„den purn ich nie gesach.

ich weis nit, wer er ist.

sag im in diser frist,

85   das ich in bekenne nicht.

kein guot im von mir beschicht."

der hofman wider umbgie

zuo dem purn und seit im, wie

der herr hette antwürt geben also.

90   der pur aber batt do

den selben hofman, das er

aber gieng zuo dem schaffner

und in bas ermante,

das er sin not erkante.

95   wan wer der pur nit bi im gewesen,

vor dem wurm wer er nie genesen.

der hofman seit dem schaffner das,

das er sich besinnte bas,

wan der pur seit im vil und me,

100   er het im gehulfen us jamer und we.

der schafner gab antwürt als vor

und sprach: „er mag wol sin ein tor,

81 antwürt

73

wan ich in han gesechen nie."

der hofman wider umbegie

105 zuo dem purn und seit im als ee.   120a

der pur bat in aber me,

das er es durch got täte

und den schaffner bas bäti,

das er selber käm zuo im dar

110 und des mannes näme war.

der hofman was ein willig man

und bat in, das er wölti gan

selber zuo dem armen man.

in zorn do der schaffner bran.

115 vil zornig wart er in sinem muot

und hies, das man den purn guot

vom hof mit knütlen ⟨sölt⟩ jagen

wan er wölts im nit vertragen,

das er nach im fragte icht,

120 wan er sprach, er bekant in nicht.

des schaffners gebot wart nit gespart.   120b

vil übel der pur geschlagen wart.

    An lon kam er hein gegangen,

sin frow sere hat belanget

125 nach irem man, wan si wand,

Nach 120   17 Zeilen Leerraum   124 f. in s.

im sölte werden wol gelond

von dem hern; doch es nit geschach.

an irem man sach si ungemach,

wan er kam lär und was geschlagen.

130 si begond schrien und klagen.

die kinden litten hungers not.

si haten weder muos noch brot.

in armuot waren si gar.

    Nu fuogt es sich in dem jar,

135 das der selbe pur kam

in den wald, da er nam

uss der gruob den schafner.

do sach er bald komen her

den wurm. der ouch bi im was.

140 und do er kam hinzuo bas,

do ließ der wurm uß dem mund sin

vallen ein stein was schön und vin.

darnach gie der wurm von dan.

den stein huob do uf der man

145 in sin hend. er gefiel im wol.

aller fröiden wart er vol.

    Denselben stein er do truog

zuo einem man an künsten kluog

und bat in durch sin meisterschaft,

150 das er im seite des steines kraft.

der meister beschowet do den stein.

do was sin kraft nit klein.

dem purn seit er uf der vart: 121 a

„diser stein hat die art,

155 wer in bi im hat wirdenklich,

der wirt für alle lüte rich

an silber und ouch an gold.

darzuo werdent im die lüte hold."

do die red der pur vernam also,

160 wolgemuot ward er und fro

und nam wider zuo im den stein.

Damit zoch er wider hein

und ward dabi so rich,

das iederman wundert sich,

165 wannen har im käme so gros guot.

etlich gedachtent in irem muot,

er het es gestoln oder aber geroubt.

einer guots der ander böß gloubt.

Für den küng kament die mär,

170 das ein pur worden wer

so rich, der vor arm was.

der küng sprach: „ist war das,

so füerent in her zuo mir,

so wil ich erfarn schier,

165 kame

76

175 wannen her im das guot kom."
vil schier ward der pur so from
gefüert für den hern also.
der küng fragt in dc,
wie es hette gefuogt sich,
180 das er wer worden rich.
vil schier seit er im die mär
von dem wurm und dem schaffner,
und wie in der schaffner hät enpfangen,
do er kam gan hof gegangen.   121 b
185 do nu der küng erhort dise mer,
vil schier sant er nach dem schaffner
und fraget in, ob es wer also.
„ja", sprach der schaffner do,
„nüt anderst getar ich jechen,
190 wan die ding sint also geschechen."
do der küng vernam die sach,
zuo dem schaffner er do sprach:
„din herz ist aller untrüw vol
und bosheit, das merk ich wol.
195 diser man hat dir wol getan.
des soltest in han geniesen lan
und dankbär an im sin gewesen,

177   Nach ‚hern' expungiert ‚do'

wan du durch in wärt genesen.

das hast du aber nit getan.

200 darumb so muost du schamlich gan

von dinem guot und gewalt,

won an trüwen bist du kalt.

den, der dir tet wol,

hast du geschlagen streichen vol.

205 darumb so muost du gestrafet sin

und verstossen von dem gewalte din.

das ellent muos dir sin bereit.

das machet din undankberkeit."

Hiebi mag man merken wol

210 das ieder man sin sol

dankbar gen den man,

der im guotes hat getan.

tuot er das aber nicht,

bilich im denn ouch geschicht

215 als des küngs schaffner,

do er was so undankber   122 a

gegen dem guoten armen man,

der inen us der gruoben nan

darumb muost er farn lan

220 was er hat und ie gewan.

won der küng erkant das,

das der wurm, der unvernüftig was,

gern dankber wesen wolt.

sinem guottäter, als er solt.

225 wan er vergass nit siner not,

do er was gefangen uf den tod.

davon half im der arm man.

darumb wolt er nit ablan,

er wolt im des tanken wol

230 mit dem steine kreften vol,

das er damit wurde rich.

ouch hiebi so merk ich,

was guotes hie uf ertrich geschicht,

das lat got ungelonet nicht.

235 das ist hie wol worden schin.

darumb so sond wir alle sin

zuo guoten werken alweg bereit,

so wirt üns ünser arbeit

von got gelonet sicherlich.

240 hiewider merk aber ich,

wa ieman untrüw geschicht,

das belibt ungerochen nicht.

daran gedenk ieder man

und tuo, als er well lon enpfan.

226 do] denn   Nach 244 4 Zeilen Leerraum

XVIII

ZWISCHENREDE

⟨I⟩ch wölte gerne dichten,   122b
ob mir es niemen wölt vernichten,
ze rimen etliche wort,
als ich ein bredgi han gehort.
5   mänig bischaft sagen
ich wil sin nit me getagen,
wie wol das doch nu ist,
das mir der künsten vil gebrist
und ich ouch ze einfaltig bin.
10 so nim ich es ouch für mich hin
in gottes namen und bitt ouch in,
das er mir hierin helfent welle sin
und mir sin vil götliche kraft
verliche, vernunft und ouch macht,
15 das min gedicht werd volbracht
und in guoten werken werd gedacht.
wem nu min gedicht nit wol gefalt,
er si wib, man, jung oder alt,
der laß mit züchten ab sin lesen.
20 wil er, so laß ouch mich gnesen,

17   ɖ

und wa dis buoch gebresten hab

uf keinen sin, den nem er ab.

das ist min begirde guot.

er sol vinden, wer wol tuot.

XIX
DER BEICHTENDE STUDENT

⟨Z⟩e Paris gewesen ist   123a

ein student, als man list,

der hat ein grosse sünd getan,

davon er ze grossen sorgen kan.

5 in der schuol hett er lesen,

das nieman mocht behalten wesen

und ouch nit werden gottes kint,

wer nit bichtete sine sünd.

sin herz das betrachtet wol,

10 als noch iederman sol

betrachten sine sünde gros,

ob er wel werden der behaltnen gnos.

er gedacht: „das wer ein grosse pin,

soltist du iemer verdamnet sin."

Nach 24   11 Zeilen Leerraum

15   sin sünd er bichten wolt,

als er von recht tuon solt.

    Er tratt für den bichter hin

und wolt bichten die sünde sin.

von rüwe er weinen begann,

20   das er nit bichten kan.

der bichter sprach zuo im:

„mich wundert, wie das müg sin,

das du mir nit kanst sagen

und dine sünde klagen."

25   er sprach: „min sünd ist so gros,

das ich si nit kan sagen also blos."

der bichter sprach: „die sünd mir verschrib,

das si nit ungebichtet blib."

er schreib si an ein briefelin

30   und gieng wider für den bichter sin.

er aber weinen begann,

das er im den brief kum bieten kan.

er laß den brief do zehant.   123b

buos er im nit geben kond.

35   Er gieng für den obristen zehand

und tett im dise wort bekant

und sprach: „mir hat gebichtet ein man,

---

10 t$\overset{o}{u}$n sol   24 sünde B] sunde

dem ich nit buos geben kan.

nement hin das briefelin.

40 daran ist geschriben die sünde sin."

er nam den brief zuo im dar:

der brief was getilket gar.

er sprach:„ich weis nit, wie im ist.

an dem brief sich ich kein geschrift."

45 der erst bichter sprach:„uf min trüw,

er hat gehept so grosse rüw,

das ich es nit sagen kan.

got hat im sin sünd abgelan

und sin sünd vergeben gar.

50 er ist ledig von den sünden zwar."

 Bi diser bischaft merkt man wol,

das iederman rüw haben sol

umb sin sünd klein und gros,

ob er wel werden ein behaltner gnos.

55 kein sünd ist so gross nit, das gloub mir,

hest du rüw, got vergit si dir.

daran nieman zwiflen sol:

got ist aller gnaden vol.

bist du ledig von ganzer rüw

60 und bitest got, uf min trüw

48 sünd B] sund 51 ɋ

so wil dir got din sünd vergeben

und darzuo verlichen ewig leben.

ich sprich es uf min trüw,

das nüt besser ist den guote rüw.

65 hätti diser nit gerüwet und gebichtet wol, 124a

grosser pin wer er worden vol

und müesti verdamnet iemer wesen.

mit guoter rüw ist er sust genesen.

nu sond wir alle gedenken hieran

70 und sond umb ünser sünd rüwe han.

XX

DIE GESTOHLENE MONSTRANZ

⟨V⟩on Brug, ein halb mil von Baden,

han ich gehört sagen,

wie das ein dieb gestoln hat

ein mastranz in der statt.

5 da warent dri offleten in.

die nam der dieb mit im hin

und schutt si vor der statt in ein bach.

    Ein gros wunder da beschach.

69   hieran] her an   Nach 70   14 Zeilen Leerraum

do der hirt ustreib das vech sin
10 und kam für das bächli hin,
das vech wolt nit dannen gan,
won das es der hirt muost dannen schlan.
es viel ouch uf sine knü,
als ob es bettite mit ganzer rüw.
15 vil bald ouch der hirt die offleten sach
sweben enmiten in dem bach   124b
und sach uf ietlicher sunderbar
dri bluottropfen klar.
    Die pfaffen ruoft er bald an,
20 das si mit im söltint gan
zuo dem bach zehand.
das wunder tett er inen bekant.
si giengent mit im balde dar
und nament des grossen wunders war
25 und gehieltent die offleten mit wirdikeit.
(des kam der dieb in grosses leid.)
die offleten mit dem lebenden gottesbluot
mit wirdikeit man in die stat truog
und gehieltent den vil wirdigen sold
30 mit wirdikeit, als man solt.
    Nu wil ich ouch sagen,
war man si hab getragen.
ze Zürich man die einen hat.

24 wunder

85

Brug die ander nit von ir lat.

35   die dritt ist an dem Rin

ze Basel in der richstat vin.

    Hiebi so weis ich wol,

das daran nieman zwiflen sol,

das sich der allmächtig gott

40   selber berge in das helig brot,

das die priester niessent allgemein

das fleisch und das bluote rein

und ouch alle cristenheit,

die ir gelouben daran leit.

45   wer gottes lib hierinne nit gewesen,

ein sölich zeichen wer hie nit geschechen.

XXI
DER HÄSSLICHE PFAFFE

⟨U⟩f dem land ein pfaffe sass,   125a

gen dem truog ein herr grossen hass,

won der pfaff ungeschaffen was.

davon er vor im kum genaβ.

5 hinder im wolt er nit ze meβ stan.

37 ɗ

er sprach:„got ist nit ein sölich man,

das er kom in kein lib so ungeschaffen.

ich ker mich nüt an disen pfaffen.

von im wirt kein guot werk verbracht.

10 ich wil im niemer loufen nach."

er wand, das kein ungeschaffen pfaffe

mit gott üt guotes kunne geschaffen,

und kein ungeschaffen lib

möchte volbringen guotes üt.

15 disen glouben wolt ⟨er⟩ gar nit vertragen.   115 a

    Eins mals do er uss fuor jagen,

der herr mit sinen hunden,

so kunt er uf der stunde

ze einem bach schön und vin.

20 er sprach:„wie mag das sin?

uf min trüw, das muos ich jechen,

das ich hie nie kein brunn han gesechen.

ich wil niemer erwinden,

sin ursprung wil ich finden."

25 do er kam zuo des brunnen end,

do sach er vil behend

das der brunn da usgieng

und sinen ursprung da enpfieng

uss einer houptschüdelen ungetan.

30 das sach er alles an.

er sprach:„wie kan das sin,

das das schön brünnelin

uss dem ungeschaffnen dinge kunt?"

ein engel was do hie zestund

35 und sprach zuo disem man:

„dis wunder solt du sechen an.

sich, das ein vil schöner brunn kunt

uss einem ungeschaffnen grund.

du wilt verschmachen dinen pfaffen

40 darumb, das er ist ungeschaffen.

güeti werk er wol volbringen kan.

das macht du wol sechen hieran,

das ein vil schöner brunnen kunt

uss einem ungeschaffnen grund."

45   Der mensch si jung oder alt,

ungeschaffen oder wolgestalt,

oder was im gebrist,

oder wie er geschaffen ist:

güeti werk mag er wol verbringen   126 a

50 mit betten und mit andern dingen.

ist joch ein mensch vast ungestalt,

45   ḍ

88

got erhört in als bald

als einen menschen schön und klar.

das gloubent, es ist war:

55 ein armer mensch got lieber ist

denn der rich, dem nüt gebrist.

het joch ein mensch ungestaltnüß vil,

got in nit verschmachen wil

und wil in erhören belder zwar

60 denn den richen, das ist war.

XXII

DIE SÜNDERIN

⟨E⟩in guot bruoder in einem walde was.

der hat ein schwöster, als ich las,

die lüff in dem offnen leben.

da muost der bruoder widerstreben,

5 wan sin gesellen straften in,

warumb er die schwöster sin

nit uss dem wilden leben näm

und si zuo guote nit machte zäm.   126 b

Nach 60 14 Zeilen Leerraum

Eins mals do gieng er us
10 und kam für das frowenhus.
    sin schwöster fand er da stan
    und weder stuchen noch gürtlen umbhan.
    er tratt für die swöster sin
    und sprach:„liebi swöster min,
15 du solt kern uss disem kranken leben
    und dich got gänzlich ergeben
    und solt im dienen alle frist,
    won dis leben so zerganglich ist.
    sturbist du also, so werist verlorn,
20 wan du hast bewegt gottes zorn."
    do sprach die schwöster sin:
    „ach, sag mir lieber bruoder min,
    wölte mir got noch min sünd vergeben,
    so wölt ich mit dir gar balde streben." -
25 „swöster, des solt sicher sin,
    got wil dir vergeben die sünde din,
    ob du bichtest und rüw enpfachst
    und von der sünde last."
    si sprach:„so wil ich benütte lan,
30 vil bald wil ich mit dir gan."
    er sprach:„so nim bald din gewand
    und gang mit mir zehand."
    si sprach:„käm ich wider in das hus,

so käm ich vilicht kum wider herus.

35 ich wil es underwegen lan
und wil vil bald mit dir gan."

Mit enander giengent si in den wald.
do horent si vil bald
lüt an dem wege gan.

40 er sprach:„liebi swöster wolgetan,
du solt in die studen schlichen
und den lüten entwichen.
si züchent anderst alle mich,
das ich hab beschlafen dich.

45 die swöster in die studen gieng.
vil grosse rüw si do enpfieng.
von rüw si so leidig ward,
das si sich an den tornen zerzart,
das si niderviel und was tod.

50 des kam der bruoder in grosse not.
do er die lüt nit me sach,
der schwöster ruoft er und sprach:
„kum her, liebi swöster min,
die lüt sint recht all dahin."

55 die swöster im nit entsprach,
won si in den studen tod lag.
er gieng in die studen hin
und suocht bald die swöster sin.

er fand si ligen also tot,

60   da huob sich gros jamer und not.

     Er gieng fürbas in den wald.

sinen brüdern er die not erzalt

und bat si tugentlich,

das si got bäten ernstlich,

65   das er inen täti schin,

ob si behalten oder verlorn sölti sin.

vil bald ein engel zuo inen kam,

der si ab dem wunder nam

und sprach:„si ist behalten sicherlich,

70   won si hat vast gekestget sich

und het gehept so grösi rüw

und hat got gebetten mit ganzer trüw,

das er ir vergäb ir sünde.

davon ist si worden gottes kinde.   127b

75   O sünder du solt bald rüwen

mit ganzem ernst und trüwen,

so wil dir got din sünd vergeben

und darzuo lichen ewig leben.

du sichst wol hieran,

80   und hättist alle sünd getan,

rüwest und bichtest so luterlich,

59   todt   75   ḍ   81   so] sy

so wil got reingen dich

von dinen sünden allen,

das du nit kanst ze helle fallen.

85   tuost du aber das nicht,

so bist du sicher, das es beschicht,

das du muost iemer verdamnet sin

und muost liden alle helschen pin.

XXIII

DAS GESCHÄNDETE SAKRAMENT

⟨I⟩n Friesenland das geschach,

das das mer ungestüm usbrach

und versankt des lands ein michel teil.

das geschach von der lüten unheil,

5   als ich üch sag hienach.

    In dem jar als dis geschach,   128a

erschein unsri frow die reine magt

einer klosterfrowen, die lept in helikeit.

zuo der sprach si: „in disem land

10   wart ein priester gesant

Nach 88 12 Zeilen Leerraum   10   gesant] geschant

mit mines kindes fronlichnam
zuo einem siechen. und do im bekam
ein man, der von bier trunken was,
mit bier bracht er ein glas
15 und bot es dem priester dar
und sprach: ,des bieres nement war
und trinkent sin zuo mit mir.
land sechen, ob ich bas trink oder ir.'
do der priester die red vernam,
20 mit züchten wolt er dannen gan
mit dem sakrament, als im gezam.
do wart zornig der trunken man
und warf des helig sacrament
dem briester uss siner hend,
25 das es an der erden glag.
der priester do uflesens pflag
und truog es mit wirdikeit
wider hein, won im was leid
des helgen sacraments uner.
30 darumb hat got gezürnet so ser,
das er hat vil landes versenkt
und darzuo vil guots ertrenkt."
von diser enterung wegen also
schied unsri frow von dannen do.

35   Dis zeichen lert frowen und man,
      das si glouben söllent han
      an das helig sacrament,
      das gottes fronlichnam ist genent,
      und das si es erint loblich,   128b
40   won es ist aller sälten rich.
      wer unere daran leit,
      vil wenig im das got vertreit.
      er geschendet in und alle die,
      die im des verhengent hie.
45   wer im aber erbütet er,
      der wirt leben iemer mer
      hoch in der himel tron.
      darumb so haltent schon
      das sacramänt in wirdikeit,
50   so wirt üch ewig fröid bereit.

35   ḑ

GLOSSAR

*aldei	adieu (Abschiedsgruß) IV, 45
benüte, binütte	keineswegs (=bf nihte) VII, 53. IX, 70. XXII, 29. vgl. auch VIII, 59
duss	draußen (=dar ûze) VII, 74
*elieb	ehelich geliebt VII, 11. XIII, 64
erfären	überlisten XIV, 139. 147
fuog	erwünschte Gelegenheit IX, 32
galtbrunnen	trockener Brunnen II, 2
kestgen	kasteien (lat. castigare) XXII, 70
ghäs	Kleidung (=gehaeze) VII, 45
houptschüdel	Hirnschale XXI, 29
hütbezit	heutzutage V, 98
ina	he, heda (Interjektion) II, 14. X, 84
käsbor	Käsekorb XIII, 61. 78a
kib	Unmut, Verdruß VII, 4
nächt	gestern abend, gestern IV, 48. X, 137
niena	nirgends, keineswegs VII, 52. XIII, 89
offlete	Oblate, Hostie XX, 5. 15. 27
schmacht	Verachtung, Schmach IV, 89
schökli	Büschelchen V, 53. 75
se	da, nimm (Interjektion) V, 87
*spinnwupp	Spinnwebe XI, 3. 7
stigel	leiterartige Vorrichtung zum Übersteigen eines Zauns XIV, 10
unsuon	Streitigkeit VI, 40
üt	etwas (=iht) XIII, 49. XVII, 34. XXI, 12. 14
verhengen	lassen, loslassen (ursprünglich vom Zügel gesagt), geschehen lassen VIII, 58. XXIII, 44
verkomen	verhüten, verhindern VI, 82
vernüten	für nichts achten III, 68
verteilen	bei der Teilung übergehen IX, 44
wiler	Nonnenschleier XI, 9. 36
wolnüst	Wohlleben II, 55